Ce livret a été acheté cher, de même que tous
ceux qui sont sortis de l'inventaire de Mr du
Fay; quoyquil y en eut quelques uns recueillis avec
peu de goust, témoin celuy cy, ou il a mêlé des
badineries et joyeusetés comme on les apeloit alors
avec de la morale sérieuse telle que le traité du
chatiment des enfents.

La Vignette qui represente un satire d'un coté et
de l'autre un homme dans des entraves est je crois,
postiche. elle n'a nul raport au sujet si ce n'est
quon ait voulu marquer que faute de chatiment les
enfans courent tout au moins risque de perdre un
jour et leur reputation et leur liberté.

Ces especes de figures qui servent a encadrer
la premiere feuille de ce traité, et qui sont au
bas, séparées l'une de l'autre sont deux lettres
majuscules du temps.

Le débat du marié et du non marié, est le meilleur
morceau de ce livre mais il est imparfait sur la
fin. il y marque 10 couplets ou huitains que jay
ailleurs dans le livre du jardin de plaisance
folio 115 verso. La prognostication de frere thibould
n'est qu'une plaisanterie imprimée en beaucoup d'endroits
et qui renferme une Enigme allegorique sur le Coq.

La grande confrarie des Soulx Douurer/et enragez
de rien faire. Auecques les pardons
a statutz dicelle. Ensemble les
monnoyes dor a dargent ser
uans a ladicte confrarie
Nouuellement imprimee a Lyon.

L'abbaye de sainct Lasche.

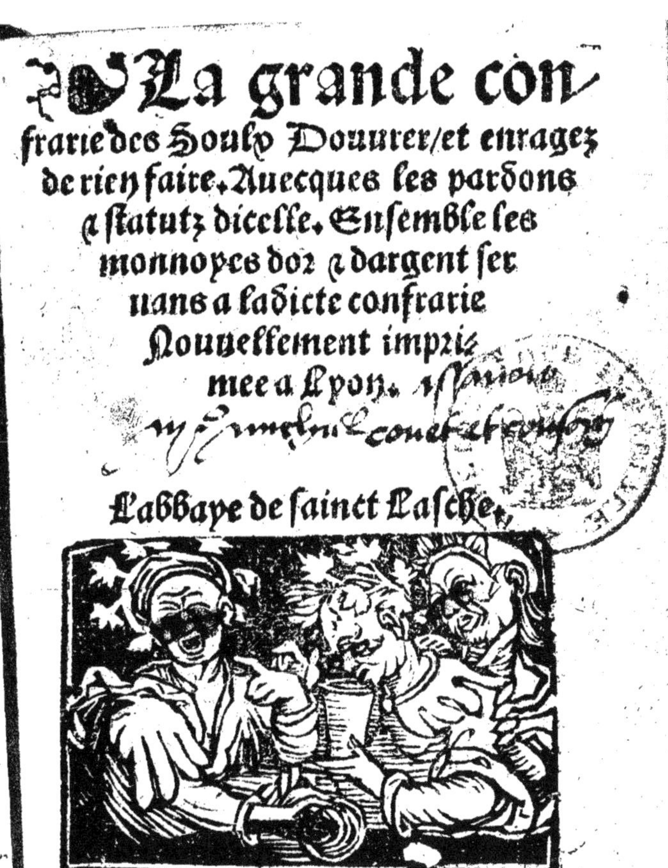

¶Indulgences ⁊ pardons de la cõfra
rie de monsieur sainct Lasche.

E par Saoul douurer. Par
la grace de trop dormir/roy
de negligẽce/duc doysiuete/
palatin dẽfance/visconte de
meschancete/marquis de trop muser cõ
nestable de nulle entreprinse/Admiral
de faintise/cappitaine de laisse moy en
paix/Garde ⁊ gouuerneur de to⁹ ceulx
⁊ celles qui aiment besongne faicte ⁊ du
tout acheuee.Et seigneur de riẽ faire/
escuyer ⁊ courrier de la court ordinaire
de mõseigneur monsieur sainct Lasche
A noz amez feaulx les generaulx ⁊ cõseil
liers sur le faict de nulle sciẽce. A noz tre
soriers ⁊ argentiers sur le faict de nulle
finãce/q̃ sõt noz aydes/⁊ a noz maistres
de plusieurs affaires/a nr̃e baillif salut
sãs dilaciõ ⁊ nul ꝯfort no⁹ auõs entẽdu
par bõne ⁊ souffisante cõplaincte de noz
biẽ amez ⁊ alliez les gẽs de nr̃e abbaye de
chasse puffit. Si ꝯme sont pouures souf

freteulx endebtez malheureux/mal for
tüez/miscraulx/grelenx/necessiteux/ta
cheptz/ɑ tigneux/vuydes de richesses et
indigës de tous biës priuez/ɑ de tout eŋ
tout despouillez q̃ sur peinede ciq marcs
destouppes destre bouilliz eŋbrë ɑ bruleȝ
eŋ la riuiere vo⁹ apeȝ a tenir les ordõnã
ces q̃ senfuyuërde par noftre tresreuerës
pere eŋ dieu ɑ indiscrite psõne. Doute
maudiŋé ñre plat esleu par les ɔseillers
de noftre abbaye de chaffe puffit/q̃ cõbië
tãt pour eulx q̃ pour leurs pdecesseurs
dõt ilȝ ont cause/ayët este sontɑ serõt en
cores ɑ demourerõt se dieu plaift eŋ bon
ne faysmeɑ braye possessiõ de noŋ rië a
uoyr/ɑ de tousiours moins acqrir pour
nous ny pour autres eŋ aulcüe maniere
ɑ ð faire tousiours grãdesdebtes/ɑ pour
iceulx debtes estre tousiours emprison
neȝ/gaigeȝ/eɲcõmüieȝ pl⁹ souuët q̃ vng
chascü iour. Et si par aucü cas daccidët
ou de fortüe il leur aduiëne ancü peu de

A ij

rēte ou q̃lque bōne ⁊ ʋallaʙle possessioŋ
(q̃ ia dieu ne playse)ilz eŋ doibuēt ozdō⸗
ner ⁊ disposer eŋ ceste maniere q̃ sensuyt
Cest assauoir q̃lz laissent leurs maisōs.
cheoir a terre/⁊ mectre eŋ ruine/ affiŋ q̃l
ne pleuue dessus aussi par eulɥ chauffer
du bois de la couuerture dicelle maisoŋ
silz sont gēs qui puissent endurer le feu.
Jtē q̃lz laissent leurs terres⁊ heritaiges
sans les labourer ne riē y semer/pour la
doubte des oyseaulɥ/lesq̃lz māgēt les se
mēces ⁊ les fruictz quāt ilz sōt meurs/⁊
aps laissent ʋenir leurs pz eŋ ruynes/ es
pines/⁊ ʙuissons: affiŋ q̃ les Regnars/
Lieures/Lappis/cerfz/ʙiches/pozcs sā
gliers/⁊ autresʙestes sauluaigespuissēt
haʙiter ausdictz pz ⁊ faire leursretraictz
⁊ les oyseaulɥ y faire pareillemēt leurs
nidz si mestier est/eŋ oultre laissēt leurs
ʋignes ʋenir eŋ herʙes ⁊ deserts pour oʙ
uier ⁊ resister auɥ grāde peines/laʙeurs
missiōs ⁊ despēs q̃lɥuient faire ⁊ mettre
ʋng chascū aŋ pour les labourer ⁊ fesso

rer. Jtē pſus laiſſēt leurs bops coupper/
rōpre/tailler/ꝗ deſtruire/pour cauſe des
beſtes ſauluaiges ꝗ des larrōs/ꝗ eṇ cau
ſe de neceſſite ẏ pourropēt faire leurs re-
traictz/affiṇ de eulꝗ ſe muſſer ꝗ cacher.
Jtēꝗlꜩ laiſſēt rōpre ꝗ creuer leurs eſtāg
pour cauſe ꝗ les poẏſſōs ꝗ autres beſtes
cōe eſcreuiſſes/ranes/chabouls/ ꝗ ſont
dedās:ꝗlꜩ puiſſēt eſtre hors de pſoṇ ꝗ ſeſ
batre parmẏ les chāps/ꝗ chāger vṇ peu
daer. Jtē leurs moulins laiſſent cheoir
ꝗ tōber eṇ ruẏne pour cauſe de la farine
ꝗ gaſte les robes des bōnes gēs ꝗ ẏ vien
nēt moulōre. Et pource/ꝗ a cauſe ꝗ no⁹
garōs ꝗ maintenōs eṇnre dicte abbaye
de Chaſſe puſſit/fine frāchiſe/follaſtre
rie Chaſteav tout ẏ fault/ꝗ iamais ne
mourra ſans heritiers/ꝗ de leurs autres
biēs/rētes/ꝗ reuenuꜩꝗ ia nauiēne ſe dieu
plaiſt aucū biē nẏ ꝓffit. Aucuns noꜩ au
tres iuſticiers ꝗ ſubiectz ſi cōme ſōt eſcer
uelez/folꜩ/frenetiꝗs/ oultrecuidez / coꜩ-

nars/muʃars/teigneux/plais de berni-
me/ʒ autres bauars ʃãs raiʃoɳ/ne bort
ne maiʃõ/reuerʃeurs de taʃʃes/buideurs
de couppes blãchiʃʃeurs de beurre/tain-
cturiers de nappes/rotiʃʃeurs de trippes
eʃcumeurs de potz/bireurs de roʃt/tire-
urs de chair du pot/trois heures auãt ql
ʃe ʃoit cuꝑcte:regardeurs ʒ gardeurs de
gaiges eɳ pluʃieurs lieux ꝑ deffault de
plꝰ ʃouffiʃant quãd ilʒ ont a beʃõgner a
nec leurs heraulx/ʃi ꝗme ʃõt lãterniers
buffatiers crieurs de biɳ a bẽdre/ruffiãs
ozliers/bourdeurs/puraps/gourmans/
truãs/porteurs dimages/basteleurs/trõ
peurs/barateurs/ʒ coqlleurs. Leʃqlʒ ʃe
ʃõt parforcez ʒ bng chaʃcũ iour ʃe parfor
cẽt dẽtrer eɳ nře grãd ʒ terrible ropaulme de berte biʃe ʒ frappe bẽt. Et beullẽt
ediffier maiʃõs ʒ hebergemẽt ꝗ ʃõt deʃo-
lez/ʒ de lõg tẽps deʃtruyz/ Noꝰ les ʃou-
haictõs/deʃirõs/ʒ boulõs garder eɳ tel
eʃtat biẽ lõguemẽt/ʒ ꝗ pis eʃt ilʒ delaiʃʃẽt
daler ꝑ les bõnes billes de nře ropaulme

⁊ autreslieux/a cau se du grãt argẽt quõ
leur doibt/⁊ ꝗlz doyuẽt. Pareillemẽt af-
fin de trouuer tauernes ⁊ cabaretz pour
passer leur tẽps ⁊ augmẽter leurs hõne-
urs en soubstenãt ladicte abbaye ⁊ cou-
stũe de mõsieur sainct Lasche car ilz ne
ueulẽt prẽdre aduẽtaige sur psonne ꝗlcõ
que/si dauẽture il ne le peuuẽt trouuer/
car ilz ne se rõpẽt pas les iãbes a les cher
cher/⁊ en retournãt desdictes tauernes
⁊ cabaretz ont accoustũe ð se battre ⁊ dõ
ner les ung aux autres grãs tatins ⁊ ho
riõs/gros ⁊ menꝰ/lesꝗlz horiõs p faulte
despaze se dõnent auec grosses pierres ⁊
gros trõsons de boys/⁊ ꝗ pis est payẽt de
niers bzulez/liars effacez/lꝛarolꝰ/soulz/
⁊ testõs ꝗ ne se mettẽt en pain/en uin/en
chair/ny poisson. Et en partãt desdictes
tauernes en cõtãt a leurs hostes ⁊ hostef
ses/leurs baillẽt a garder p faulte dar-
gẽt robes/mãteaulx/capes/sayõs chauf
ses ⁊ pourpointz ⁊ autres habillemẽs si
dauãture ilz ont grãdes estaches ð chiẽs

grosses pierres blã ches ⁊ noyzes/saphiz
taulnes/dyamãs noyzs/⁊ perles rouges
⁊ plusieurs autrespierres pcieuses:lesql
les dõnët en gaige ⁊ a garder soubz les
deux peulx de sa teste iusqs a tëps qlz as
pët loisir de les payer/au grãd piudice ⁊
dõmaige desdictz cõplaignãs en les per
turbãs a tozt ⁊ adzoit/⁊ sans cause ⁊ rai
son deue.Et de nouueau en venãt cõtre
les puileges de nre abbaye de chasse ps
fit/rcqrãs sur ce puisiõ de iustice.Pars
quoy no⁹ ces choses ãsidere⁊ auoyz ouy
par lesdictz cõplaignãs.No⁹ vo⁹ mans
dõs ⁊ cõmandõs q royallemët ⁊ de faict
vo⁹ les maintenez ⁊ gardez en vzaye sai
sine ⁊ possessiõ/dauoir to⁹ les dimëches
deux miches de faulte/le lûdi faulte de
vin/le mardi/mescredi/⁊ ieudi necessite
chair.Le vëdredi ⁊ samedi cõme les aus
tres iours/⁊ de në rië auoir en tout tëps
fozs seulemët toute leur vie pouurete et
misere.Et en cas doppofitiõ nõ souffisã

te/attẽdu q̃ lefdictz cõplaignãs ne fõt te
nuz fi ne leur plaift de proceder ailleurs
fors ennoftre dicte abbaye de chaffe puf
fit/vo⁹ leurs donnerez ꝗ affignerez iour
nõ cõpetãt par deuãt/lung de noz iuges
ou p deuãt fon lieutenãt pour les recul/
ler de biẽ en mal/ꝗ pceder de mal en pis
ꝗ de pis enpis/ꝗ encore oultre pis/fãs oc
cafiõ ne rime ne raifon/Car ãfi fe vou
lõs ꝗ aufdictz cõplaignãs lauõs octro-
ye ꝗ octroiõs p ces pñtes. Lã de grace ef
peciale aux faberniers trops iours aps
iamais en nre ville de Mefchance/auxs
nre cite de Malaife. Sellez de noz petitz
feaulx p deffault de nre grãd feau(q̃ eft
chez loffeure en gaige pour la faffõ/)Et
fignees p les maiftres des fouffreteux a
la relatiõ des ẽdormiz. Tefmoig Jehã
gueneau/Thibaud lefle/ꝗ Guillaume
maulfouppe/a ce reqs fãs appeller. Et
fignees p no⁹ autres notaires cy foubz
nõmez.   Des vignes   Des Blez.
                                    B

¶Chofes merueilleufes ꝗ de grandes
indulgēces de ladicte cōfrarie de mōfei
gneur mōfieur fainct Lafche.

Bachus/Cupido/Ceres/Pallas ꝗ
Ven⁹ regēs ꝗ regētes des priuile
ges ꝗ ordinaires de la cōfrarie de noftre
trefreuerēd pere en dieu mōfeigūr mon
fieur fainct Lafche. Salut veu ꝗ cōfide
re ꝗ felō les merites de ce mōde on eft re
munere en lautre/no⁹ ayās efgard ꝗ ref
pect a noz amez ꝗ feanlp feruiteurs ꝗ fer
uātes de nře abbaye de mōfieur faict La
fche/faifōs affauoir a vng chafcū ꝗ cha
cūe ꝗpour la remūeratiō du biē ꝗ de lhō
neur ꝗ fe font parforcez ence mōde a lhō
neur de nředict plat aup trepaffez de ce
mōde enlautre auōs trouue vne ifle affi
fe en vng lieu delectable/on a tout ia
mais pourrōt demourer en ioye ꝗ felici
te/fās auoir pēfemēt ꝗlcōque/cōme vng
chafcū pourra puis apes ouyr ꝗ entēdre.
Car au millieu de ladicte ifle ya vn cha
fteau tellemēt ꝗftruict ꝗ edific/ꝗ ceft vn

eas incredible/sinõ a ceulx q̃ sont veu ⁊ biẽ regarde/car les murailles dudict chasteau sõt toutes faictes auec gras fromages de Milã toutes en poinctes de diamãs/⁊ ont telle ꝓpriete q̃ tãt plus on en oste/⁊ tãt pl⁹ en reuiẽt. Les creneaulx ⁊ fenestrages sõt descalletes/auec vne maniere de mortier faict auec beurre fraiz/fromaige/⁊ force succre/Les põtz leuis sõt panez auec force casse museaulx/les chaisnes a leuer lesditz pontz leuis: sont faictes dandouylles ⁊ de gras boudins farciz ⁊ roustiz to⁹ p̃s a mãger ⁊ grignotter/a lũdes costez dudict chasteau a mal escarre sont situez palais/chãbres/⁊ salles/to⁹ pauez de pierres p̃cieuses/cõe iacintes/rubis/esmeraudes/escarboucles perles turquoyses/⁊ gros dyamãs q̃ est vne chose fort magnificq̃. Et sont lesdictes chãbres toutes voultees de petitz pastez/les lictz sont de plume de Fenix/⁊ les chalitz de fin yuoire/ouurez ⁊ tail-

lez a plaisir/les courties de fin drap dor
faictes en broderie triũphante.Les cui
sinetz de veloure cramoysi/tellement ꝗ
quãd on a dormy dix ans il ne mõte pas
dix heures.Les tables/treteaulx/ꞇ sca
belles sont faictes de bois daloys/de sã
dix/ꞇ de chippres/ꝗ rendẽt vne odeur si
suaue ꞇ si magnificꝗ ꝗ a biẽ ꝯsiderer cest
vne chose deificꝗ/les nappes ꞇ seruiettes
sont faictes en taffetas blãc/les platz es
cudelles ꞇ toutes aultres vaisselles sont
faictes de scarboucles taillees ꞇ druise
es en toutes sortes ꞇ maniere quõ scau
royt demãder/tellemẽt ꝗ quãd voullez
asscoir a table vo⁹ nauez sinõ ademãder
telles viãdes ꝗ voulez/ꝗ les auez incõti
nãt toutes taillees ꞇ prestes a mãger/ꞇ si
ne voulez prendre la peine a les tailler/
vo⁹ nauez sinõ baisler ꝗ les morceaulx
saultẽt incõtinãt en vꝛe bouche/ꞇ au sor
tir desdictes tables/vo⁹ auez toutes ma
nieres dinstrumẽs/cõme orgues/tabou
ris/rebecz/auboys/trõpettes/luctz/psal

teridœ:clairdœ:ꝗ manicordions. Leſꝗtz
ſont de ſi melodieuꝓ accord ꝗ ꝟng aꝫ ne
dure pas ꝟng iour. Dz quand au couſte
droict ꝟo⁹ auez les iardins de plaiſance
ou pa toutes mꝵieres de fleurs quõ ſcau
royt demãder. Dng peu pl⁹ auant ꝟous
trouuerez ꝟne ꝟallee eꝫ laꝗlle pa pluſi-
eurs belles fõtaines ꝗ rẽdẽt ꝟin blãc:ꝟiꝫ
claret:ꝟiꝫ cuit:ꝟin gret:ypocras:maluc
ſie:ꝗ fiꝫ muſcat. Dng peu plus auãt pa
ꝟꝫ petit ꝟerdier auꝗl tõbe quãt oꝫ ꝟeult
de greſle ꝗ neſt ſinõ toutes manieres de
dragees cõme camellat graugeat:girof
flat madrians:anis:coriãdres:dragee:
muſquec ꝗ toutes autres couleurs. Et
eſt ledit ꝟerdier tout ferme ꝗ enuironne
darbzes ꝗ poztẽt faiſans/gellines pdriz:
cõnis/beccaſſes:chappõs:ꝗ eſpaules de
moutõs toutes roſties ꝗ pſtes a mãger.
Et eꝫ mõtãt ꝟng peu pl⁹hault ꝟo⁹ trou
uez ꝟne mõtaigne ſi haulte ꝗ quãd ꝟo⁹
eſtes au deſſ⁹ ꝟo⁹ pouez toucher au ciel/
ſi y ꝟoulez toucher:ꝗ pozte ladicte mon-

taigne vne sorte darbres ꝗ portēt toutes
manieres dhabillemēs/ ꝗme robbes:cap
pes:māteaulx:gōnelles:māchōs: chap
perōs ꝗ quāt les voulez auoir vo⁹ nauez
sinō a parer les espaules ꝗ icōtinēt saul
tāt dess⁹ Pourquoy vng chascū se pourra parforcer de maintenir obt pr ꝗ seruir
aux cōmādemēs de monseigñr monsieur sainct Lasche/pour paruenir a la fe
licite des chose sasdictes.

¶ Jtē ꝗ pour la grāt multitude de nos-
dictes terres ꝗ seigneuries il ya plusieur
gēs ꝗ biē souuāt sōt necessiteux ꝗ ont af
faire dor et dargēt et ne scauēt ꝗ vallent
plusieurs pieces dor et dargēt/et a cause
ꝗl nē ont poīt et nē maniēt gueres ꝗ si ey
vouldroiēt beaucop auoir mais aucūes
fois il fait si grād froyt ꝗlz ne scauroiēt
tirer vng escu de leur bourse. A celle fiy
no⁹ y voulds pouruoir ꝗ remedier ꝗ met
tre prix raisōnable selō la valleur de sor
ꝗ mōnoye de nͬedicte abbaye. Dōne ey
nͬedict couuātde maugouuerne. Lā du

mõde sip mille sip cẽs ꝛ sip ꝛ le trẽtesip-
siesme du mops passe/signe par le grant
cõseil ꝛ par nostredict chancellier.
Raguin paintre des rouges museaup.

¶Senfupt la valeur ꝛ pris de lor ꝛ mõ
noye de nostredicte abbaye.
¶Premierement lor.
¶Un noble vault deup villains.
Un ducat deup contes
Un angelot deup cherubins
Un mouton deup brebiz
Un real deup cheualiers
Un Lion deup Leopart
Un Salut deup bonabies
Un escu deup targes
Un ridde deup vieillurs
Un guillermus deup ioannes
Un franc deup serfz
Un franc a pie deup a chenal
Un pietre deup gerars
Un ioannes deup magisters
Un florin au monde deup de paradis.

Vng florin au chat deux ratz
Vng potestat deux requestes
Vng florin de baviere deux de gorgery
Vng targe deux paruis
Vng marquis deux barons
Vng appetit deux cibotz
Vng ail deux oignons.

¶ La valeur de largent.

Vng tetard deux estourdiz
Vne grosse teste deux menues
Vng grand blanc deux petiz
Vng floret deux roses
Vng double deux sangles
Vng breton deux anglois —
Vng hardy deux couars
Vng tournois deux ioustes
Une vache deux veaux
Une haye deux buissons
Une plaque deux flamans
Un blanc deux noirs
Un gros deux menuz —
Un liart deux grisons
Un gigot deux espaules
Un car q sauoye deux charettes
Un fort deux foibles
Une maille deux cordes.

¶ Passe par le grand conseil de nostre
abbaye/ & signe par.

M. Guoguelu le mousterdier.